PORT-SAINT-LOUIS-DU-RHONE

NÉCESSITÉ

DE

L'Erection de Port-St-Louis

EN COMMUNE

MARSEILLE

IMPRIMERIE GÉNÉRALE ACHARD ET Cie

Rue Chevalier-Roze, 3 et 5

1893

PORT-SAINT-LOUIS-DU-RHONE

NÉCESSITÉ

DE

L'Erection de Port-St-Louis

EN COMMUNE

MARSEILLE

IMPRIMERIE GÉNÉRALE ACHARD ET Cⁱᵉ

Rue Chevalier-Roze, 3 et

PORT-SAINT-LOUIS-DU-RHONE

I. — Nécessité d'ouvrir au Rhône
une communication artificielle avec la mer

Dans son beau livre sur les *Villes mortes du Golfe de Lyon*, M. l'ingénieur Lenthéric, après avoir fait un tableau saisissant de l'aspect que présentait dans l'antiquité le littoral de notre golfe, nous fait suivre pas à pas les nombreux changements apportés sur ses rivages par la triple influence des eaux, des vents et des terres arrachées aux pays voisins.

Nous n'avons pas l'intention de suivre le savant écrivain dans son étude sur la région des embouchures du Rhône, région sans cesse bouleversée par ces agents naturels : mais nous sommes bien obligés, au début de cette notice sur le port qui sert aujourd'hui d'embouchure artificielle au Rhône, d'emprunter quelques renseignements à M. Lenthéric sur le régime de ce fleuve, sur son importance économique et sur les divers travaux exécutés dans le passé pour modifier ce régime afin de tirer le meilleur parti de la grande route fluviale reliant l'intérieur de la France à la mer.

A toutes les époques de notre histoire les gouvernants se sont préoccupés des difficultés que l'entrée du fleuve présentait aux navires qui, de la pleine mer, voulaient pénétrer dans le lit même du Rhône. Ces difficultés consistaient dans la barre naturelle formée des amas de sable charriés par le courant, et ces îlots sous-marins, appelés theys, subissaient tous les caprices du fleuve et du reflux de la mer ; ils ne présentaient que des passes ou graus dont la profondeur était insuffisante aux embarcations, même d'un faible tonnage. Malgré les balises et les bouées placées par des pilotes expérimentés, ces passes changeant constamment de direction, étaient toujours difficiles, souvent fort dangereuses. Aussi que de sinistres pourrait-on mentionner, que d'épaves retrouvées sur les côtes !

Les choses en étaient là, lorsqu'à la suite de la terrible inondation de 1711 qui bouleversa le régime des eaux, encombra les anciennes embouchures et en ouvrit de nouvelles, le commerce fit entendre des plaintes désespérées, que les Etats de Provence et du Languedoc portèrent aux pieds du souverain.

Le gouvernement dépensa beaucoup de temps et d'argent pour rectifier le mauvais état des embouchures et les atterrissements qui s'y formaient et se déplaçaient sans cesse. On creusa de nouvelles passes, on éleva de nouvelles digues, on reprit le plan dressé par l'illustre Vauban, on fit enfin tout ce qu'exigeaient les circonstances.

C'est à cette époque, en 1737, que l'on construisit la Tour Saint-Louis. Elle portait un sémaphore et un fanal pour indiquer de jour et de nuit les nouvelles passes aux navigateurs qui fréquentaient ces parages.

Depuis cette époque, et en dépit de ces travaux, le fleuve indomptable a continué son travail de bouleversement qui déjoue tous les calculs ; et, par suite de l'apport de nouvelles alluvions, la Tour Saint-Louis se trouve actuellement éloignée de la mer d'environ huit kilomètres.

On évalue à 15 ou 20 millions de mètres cubes le terrain que le Rhône dépose annuellement à ses embouchures, en faveur de l'accroissement de l'île de la Camargue et du Plan-du-Bourg, lequel forme presqu'île entre le fleuve et le golfe de Fos. Inutile d'ajouter que la barre est restée infranchissable par les gros temps à l'entrée comme à la sortie des navires.

Bien des fois, on a essayé d'entamer cette barre, mais tous les efforts ont été vains et les atterrissements ont continué à s'accumuler, à créer d'insurmontables difficultés.

C'est alors que le premier consul Bonaparte fit ouvrir le canal qui, d'Arles, aboutit dans le golfe de Fos, évitant ainsi les embouchures. Ce canal occupe, dit-on, l'emplacement des antiques *Fossæ Marianæ* attribués à Marius.

L'idée était très rationnelle, très simple, très pratique, mais dans son exécution on oublia de se préoccuper de l'avenir et l'on ne songea qu'au présent ; c'est-à-dire que l'on ne prévit pas — et cette prévision était impossible au commencement de ce siècle, à moins d'être doué d'une double vue — la révolution qu'allait accomplir dans l'industrie des transports, l'adoption de la vapeur comme force motrice. Aussi le canal d'Arles à Bouc était-il bientôt insuffisant pour répondre au besoin toujours croissant du trafic entre la vallée du Rhône et la mer. C'est alors que l'on se préoccupe d'ouvrir une nouvelle porte au fleuve, monumentale cette fois, et qui devait entraîner la création d'un nouveau port sur la Méditerranée.

II. — Création de Port-Saint-Louis

Eclairé par les études de ses devanciers, l'ingénieur Hippolyte Peut propose de mettre le Rhône en communication directe avec la haute mer sans passer par les embouchures reconnues impraticables.

Voici le passage le plus intéressant du Mémoire consacré à l'historique de ce beau travail, qui fut soumis à l'appréciation du gouvernement et des Chambres de Commerce les plus intéressées à sa prompte exécution.

« M. Hippolyte Peut propose d'abandonner cette voie précaire et périlleuse en faveur d'un canal qui couperait la base de la presqu'île et permettrait aux navires de communiquer librement, et par tous les temps, du Rhône à la pleine mer, sans affronter les risques de la barre et sans doubler la presqu'île.

« Après vingt années consacrées à de minutieuses enquêtes ; après avoir pris l'avis de tous les hommes compétents, le gouvernement de Napoléon III entra dans la voie de l'action. Commencés en 1863, les travaux furent terminés en 1870. En voici l'énumération sommaire :

« Une écluse de 160 mètres de longueur, large de 22 mètres et d'une profondeur de 7 m. 50 fait communiquer le Rhône avec un bassin maritime d'une superficie de 14 hectares. Ce bassin est en communication directe avec la haute mer par un canal de 3.500 mètres de longueur, sur 61 mètres de largeur et d'une profondeur de 6 mètres. Ce canal débouche dans la Méditerranée par l'anse du Repos, et il est protégé contre l'action des courants par une immense jetée terminée par un phare d'une grande puissance. L'ensemble de ces travaux a nécessité une dépense de 20 millions de francs. »

C'est un travail considérable, pour l'exécution duquel on aura à lutter contre des difficultés quasi insurmontables pour l'époque, qui entraînera une dépense d'une vingtaine de millions et dont les avantages, au point de vue économique, sont et continueront à être longtemps contestés... N'était-il donc pas plus avantageux d'utiliser ce qui existait déjà, c'est-à-dire de donner à la voie navigable existant entre Arles et Bouc, les dimensions qu'exigeait le développement du trafic ? A quoi bon créer un nouveau canal et un nouveau port sur la Méditerranée, puisque l'on avait déjà l'un et l'autre, et que Bouc présentait cet avantage particulier d'être à cheval sur la mer et sur un étang, de telle sorte qu'il aurait pu servir à la fois de porte à la vallée du Rhône et à ce magnifique bassin intérieur, l'étang de Berre, dont nous aurions dû faire depuis un siècle, le premier port militaire de la France ?

III. — Le Canal d'Arles à Port-de-Bouc

Les ingénieurs ont bien les capacités voulues pour lutter contre la nature, mais ils sont inaptes à lutter contre les hommes, c'est-à-dire contre les influences locales, contre les rivalités de clocher qui opposent parfois à leur projet des barrières bien autrement infranchissables que les fleuves les plus rapides ou les montagnes les plus élevées. La *Petite Revue Maritime*, dans une série d'études très consciencieuses et très complètes sur Port-Saint-Louis-du-Rhône, s'est chargée de faire la lumière sur ce point un peu obscur de l'histoire de la lutte des ingénieurs contre notre grand fleuve. Voici ce qu'écrit un de ses collaborateurs à la suite de son excursion aux embouchures du Rhône :

La route d'Arles à Port-Saint-Louis devient assez monotone dès que l'on a franchi les premiers kilomètres : elle côtoie sur la plus grande partie de sa longueur le canal d'Arles à Port-de-Bouc, un joli petit canal que j'avais pris à première vue pour un Jarret quelconque dont la cuvette aurait été rectifiée et les eaux clarifiées. Grande était mon erreur, car ce minuscule cours d'eau, sur lequel j'ai à peine aperçu une ou deux barques plates glissant lentement, est ce que l'on est convenu d'appeler un canal de navigation. Son histoire, car il a une histoire, que je me suis fait conter à mon retour par un arlésien, doit trouver ici sa place : elle est aussi courte qu'instructive. Le canal d'Arles à Bouc créé comme l'on sait pour mettre le Rhône en communication avec la mer par une voie plus commode que celle du fleuve lui-même, qui est sujet aux caprices les plus extravagants, répondit pleinement au début, aux vœux des populations riveraines, et notamment à ceux de la population arlésienne dont les mariniers exploitaient presque seul la batellerie entre les deux villes. Arles restait la tête de ligne de la navigation dans la vallée du Rhône, mais avec Bouc pour port de mer.

Malheureusement, un jour les barques plates de ces mariniers, très propres au service de la batellerie dans un canal n'ayant pas plus de 8 mètres de large sur deux mètres de profondeur, devinrent absolument insuffisantes pour répondre aux exigences de trafic entre la vallée du Rhône et les ports de la Méditerranée ; de plus, la batellerie par halage avait fait son temps et devait céder la place à la batellerie à vapeur, tout comme les diligences venaient de céder la place aux chemins de fer. Si les arlésiens eussent été alors gens d'initiative et de progrès, ils eussent réclamé à cor et à cris l'élargissement de leur canal pour permettre à des bateaux à vapeur de rivières, d'un assez fort tonnage, de circuler entre Lyon et Port-de-Bouc, sans rompre charge. Mais les hommes qui auraient dû faire entendre leur voix en ce moment hésitèrent, d'abord parce qu'ils ne prévoyaient pas ou ne croyaient pas à la révolution qui allait s'opérer dans l'industrie des transports, ensuite parce qu'ils craignaient de froisser certaines susceptibilités de clocher ; susceptibilités assurément très respectables, mais que les arlésiens eux-mêmes ont plus d'une fois regretté depuis, qu'on n'ait pas méconnues quand il en était temps.

L'agrandissement du canal d'Arles à Bouc eût forcément entraîné l'amélioration de ce dernier port, que l'on eût creusé, garni de quais et muni de tout l'outillage nécessaire. Port-de-Bouc fût alors devenu le véritable port de Lyon et d'Arles sur la mer, et c'est par lui qu'eussent transité toutes les marchandises venant de la vallée du Rhône ou expédiées du bassin méditerranéen à destination de cette vallée.

Mais les Arlésiens ne voulurent pas qu'on touchât à leur canal, dans l'espoir d'en conserver l'exploitation exclusive et pour écarter de leur ville ce qu'ils appelaient naïvement « les étrangers. » Ces étrangers c'étaient les gens de la côte de Provence ou du Languedoc qui se fussent certainement aventurés jusqu'à Arles avec leurs caboteurs pour éviter le transbordement des marchandises à Port-de-Bouc. On assure que c'est en présence de cette résistance ou de cette indifférence que Port-Saint-Louis fut créé, car il fallait à tout prix ouvrir à la vallée du Rhône un débouché sur la mer autre que celui qu'offraient les bras capricieux et les embouchures dangereuses du fleuve. Naturellement, Arles qui n'avait pas voulu qu'on transformât son canal de navigation, fut mécontente de cette création, car, bien à tort, selon nous, elle vit dans la future cité une rivale dangereuse pour l'avenir. Nous pouvons même dire que quelques hommes aux idées étroites et peu soucieux des véritables intérêts de leur pays, n'ont jamais pardonné à Port-Saint-Louis d'être sorti comme par enchantement de la plaine marécageuse qui termine la commune d'Arles du côté de la mer.

Nous dirons plus loin quelles sont, pour Port-Saint-Louis, les conséquences de la jalousie arlésienne, jalousie absolument injuste, car s'il n'a dépendu que d'Arles, à un moment donné, d'empêcher la création de Port-Saint-Louis, il dépendrait d'elle, aujourd'hui, de favoriser le développement de ce port et d'en tirer un profit indirect. Mais, avant d'entrer dans ces considérations, voyons ce qu'est devenu Port-Saint-Louis depuis sa création.

IV. — Les hostilités contre Port-Saint-Louis

On a vu plus haut que l'œuvre grandiose de M. Hippolyte Peut fut terminée en 1870, et que dès cette époque, écluse, bassin, canal, etc., furent mis à la disposition du commerce. Mais si l'outillage maritime était créé, il s'agissait de grouper autour de lui tous les organes nécessaires à son exploitation ; il fallait en un mot créer sur ce point désert de notre littoral, distant d'Arles de 45 kilomètres, une agglomération d'habitants pouvant se suffire à elle-même, et pouvant mettre à la disposition des navires qui fréquenteraient le port, les ressources dont ils auraient besoin. Il y avait là une difficulté encore plus grande que pour creuser un bassin de 14 hectares dans la Crau, ou pour ouvrir un canal maritime de 4 kilomètres dans les vases de Fos. Il fallait lutter à la fois contre l'esprit de routine dont notre commerce et notre marine ne sont malheureusement pas exempts ; il fallait lutter contre les rivalités et les jalousies des villes voisines ; il fallait surtout lutter contre les résistances de toutes les administrations qui ne voulaient pas admettre la possibilité de faire de Port-Saint-Louis un centre habitable, pouvant être de quelque utitité dans le présent ou dans l'avenir.

Avec cela on se plaisait à entourer Port-Saint-Louis de légendes qui, à l'heure actuelle, sont encore prises au sérieux par ceux qui n'ont pas eu l'occasion d'éclai-

rer leur religion sur place. On affirmait que Saint-
Louis était malsain, que des fièvres paludéennes
décimeraient tous ceux qui seraient tentés de s'y
établir, et que, d'ailleurs, les alluvions que le Rhône
ne cessait de charrier dans le golfe de Fos auraient
bientôt fait d'envaser ce canal, ce bassin et cette
écluse dont se serait enorgueilli plus d'un port
étranger. Nous verrons tout à l'heure ce que valent
ces légendes qui, comme toutes les légendes, sont
basées sur une apparence de réalité, mais qu'il est
facile de dissiper quand on veut regarder les choses de
près.

Quoiqu'il en soit, pendant dix ans l'œuvre de M.
Peut est restée à l'état presque complet d'abandon ;
abandon si complet qu'il faillit même en compromet-
tre l'existence, car comme tout port non entretenu,
celui de Saint-Louis devenait chaque jour plus impro-
pre à rendre les services en vue desquels il avait été
créé. Qu'il nous soit permis à ce propos de faire remar-
quer en passant que le port de Marseille qui est, lui,
parfaitement à l'abri des alluvions du Rhône, nécessite
cependant un entretien constant, et encore malgré cet
entretien n'est-il pas rare de voir les navires qui le
fréquentent s'échouer dans certaines parties des bas-
sins. Il fallait donc qu'un homme intelligent, énergi-
que, tenace, ayant avant tout dans l'avenir de Saint-
Louis une foi inébranlable, vint donner la vie à ce
port que la science des ingénieurs avait creusé dans
la Crau, mais qui, malgré ses quais de granit tout
neufs, restait aussi mort que les villes du passé dont
M. Lenthéric nous a retracé l'histoire.

V. — Port-Saint-Louis
tête de ligne de la navigation du Rhône

M. A. Larue, appelé en 1879 à la direction de la Compagnie Générale de Navigation, comprit vite le parti que celle-ci pouvait tirer du nouveau port, et malgré l'opposition qu'il rencontrait de tous côtés, il n'hésita pas, fort de l'appui de M. J. Bonnardel, président du Conseil de la Compagnie, à reporter d'Arles à Saint-Louis la tête de ligne de la navigation fluviale à partir de janvier 1881.

C'était un coup d'audace, mais on peut dire aujourd'hui que ce fut un coup de maître. Pour décider les navires à venir décharger directement sur les quais de Saint-Louis les marchandises destinées à la vallée du Rhône et au-delà, ou embarquer les marchandises lourdes provenant de cette vallée à destination des pays d'outre-mer, il fallut commencer par payer des primes aux capitaines.

Le croirait-on ? On dut employer toute une diplomatie pour décider l'administration des Douanes à établir un bureau à Port-Saint-Louis. Il est vrai que la première année de sa création, le bureau de douane de Port-Saint-Louis ne fit que 30.000 francs de recettes; mais, 10 ans après, il en faisait deux millions, ce qui place aujourd'hui Saint-Louis au troisième rang parmi les ports français méditerranéens, c'est-à-dire immédiatement après Marseille et Cette.

On se fera une idée exacte du développement pro-
gressif de Port-Saint-Louis par le tableau suivant :

ANNÉES	MOUVEMENT MARITIME COMMERCIAL	RECETTES de la DOUANE
1881	29.822 tonnes effectives.....	10.500 francs
1882	50.253 — —	10.900 —
1883	75.319 — —	39.500 —
1884	103.444 — —	109.000 —
1885	116.711 — —	262.600 —
1886	146.254 — —	610.000 —
1887	167.355 — —	884.300 —
1888	193.148 — —	1.647.400 —
1889	199.368 — —	1.689.400 —
1890	232.201 — —	1.806.500 —
1891	275.374 — —	2.060.000 —
1892	295.000 — —	1.786.337 — (1)

Les résistances que l'on avait rencontrées auprès de
l'administration des Douanes, on les rencontra également auprès de l'administration des Postes et Télé-
graphes. Cependant, sans bureau de poste et sans
télégraphe, il n'était pas possible au commerce
maritime d'essayer aucune opération à Saint-Louis.
Là encore, l'initiative de M. Larue surmonta les difficultés. La progression des produits de ce bureau de
poste est intéressante à connaître, car elle fait mieux
comprendre que toute autre statistique quelle est
aujourd'hui la vitalité de Saint-Louis.

En 1886 produits du bureau de poste   7.236
    1887   »   »   »   9.208
    1888   »   »   »   11.844
    1889   »   »   »   12.437
    1890   »   »   »   14.459
    1891   »   »   »   15.322
    1892   »   »   ·   »   14.424

(1) La diminution de recettes en moins sur 1891 est due à la loi sur les
pétroles dont la prévision du vote a suspendu les arrivages.

Les tableaux qui précèdent montrent bien que si les résultats donnés par la création de Saint-Louis avaient été absolument négatifs pendant dix ans, c'était uniquement par suite de l'indifférence ou du mauvais vouloir de ceux qui auraient dû immédiatement chercher à utiliser cette nouvelle porte sur la mer.

Du jour où la Compagnie générale de navigation résolut d'en tirer tout le parti possible pour ses services, le mouvement et la vie apparurent sur les quais déserts, des constructions s'élevèrent autour du bassin, un chemin de fer ne tarda pas à relier le nouveau centre commercial avec le grand réseau du P.-L.-M. ; des établissements industriels importants s'établirent à proximité des quais, et toute une population de travailleurs vint se grouper autour du petit noyau formé par les ouvriers de la Compagnie.

Les anciennes cases, véritables *paillotes*, qui servaient d'abris aux premiers travailleurs furent remplacées par des constructions en maçonneries ; un vaste hôtel, très convenablement aménagé, ouvrait bientôt ses portes aux voyageurs.

VI. — L'activité commerciale de Port-Saint-Louis

Pour se faire une idée de la transformation presque magique opérée à Port-Saint-Louis dans ces dernières années, nous empruntons encore quelques lignes au chroniqueur de la *Petite Revue Maritime* :

En sortant de la gare j'enfile une avenue bordée d'arbres.

" Sur la gauche, j'aperçois maintenant quelques maisons régulièrement bâties quoique un peu trop espacées pour constituer une ville proprement dite. Ces maisons avoisinent un véritable bassin bordé de quais, auxquels sont amarrés les navires dont je découvrais tout à l'heure les mâtures par la portière du vagon. Je compte quatre ou cinq gros trois-mâts, que je suppose être des italiens, des grecs ou des autrichiens ; autant de caboteurs, bricks-goélettes ou trois-mâts goélettes, quelques remorqueurs, des grands chalands, un interminable bateau à vapeur que surmonte une énorme paire de roues, et enfin, trônant en quelque sorte au milieu de cette flottille, un grand paquebot transatlantique, qui n'est autre que la *Ville-de-Rome*, arrivée depuis une heure à Port-Saint-Louis et devant repartir le lendemain matin pour Port-Vendres et l'Algérie.

Ce spectacle me rassure, car si la ville n'existe pas encore, le port existe bel et bien, il est même en pleine activité. J'aperçois bientôt devant moi un grand monument à deux étages, le plus grand peut-être du pays, portant en grosses lettres l'inscription : *Hôtel Saint-Louis*. Voilà qui me rassure encore davantage ; s'il y a un hôtel, c'est qu'il y a aussi des voyageurs, et je suis sûr maintenant de trouver bonne table et bon gîte jusqu'au moment de mon départ. Je mentirais peut-être en affirmant que l'Hôtel Saint-Louis réunit tout le confortable des grands hôtels de Marseille ou de Nice ; mais je puis affirmer qu'il est spacieux et commode, peut-être même un peu trop spacieux pour le moment. Là du moins on a prévu l'avenir et on l'a largement prévu. Cependant à certaines époques et pas plus tard qu'à la fin de l'année dernière ses nombreuses chambres et ses vastes salles ont été juste suffisantes pour recevoir à Port-Saint-Louis la série des voyageurs qu'amenait la saison des blés.

C'était alors un va-et-vient de courtiers, de maître-portefaix, de négociants, de capitaines venus à Port-Saint-Louis pour surveiller les opérations du transbordement, de la manutention, de l'emmagasinage des marchandises.

On se rappelle sans doute quelle énorme quantité de blés a été importée à Marseille depuis le commencement de septembre 1891, importation qui s'est même prolongée jusqu'au 15 avril dernier et qui ne s'élève pas à moins de 250 mille tonnes. Or, une grande partie de ces blés ont été dirigés vers l'intérieur de la France par la Vallée du Rhône et ont dû naturellement transiter par Port-Saint-Louis pour bénéficier du transport économique de la batellerie. Aussi tandis que les Docks de Marseille étaient insuffisants pour emmagasiner ces arrivages et que les terrains du Lazaret se couvraient de petites montagnes de blés recouvertes de bâches, les magasins de la Compagnie Générale de Navi-

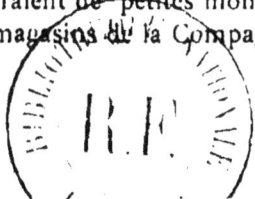

gation à Port-Saint-Louis étaient également insuffisants pour recevoir les blés que lui expédiait Marseille et on devait recourir à un procédé analogue à celui de la Compagnie des Docks, en attendant que les bateaux du Rhône puissent enlever ce stock.

On aura une idée de l'importance des arrivages des blés à Port-Saint-Louis pendant l'automne de 1891, quand j'aurais dit que la location des bâches nécessaires pour recouvrir les sacs empilés sur les quais s'éleva à 7.000 francs par mois en moyenne et que la Compagnie Générale de Navigation dut plus d'une fois refuser de la marchandise, son matériel, tout considérable qu'il soit, étant insuffisant à la transporter au fur et à mesure des besoins du commerce.

Naturellement cette activité fiévreuse s'est un peu ralentie en ce moment, mais il est probable qu'elle reprendra dans quelques mois avec la nouvelle campagne des blés. Ceux-ci ne sont d'ailleurs pas les seuls à alimenter le trafic de Port-Saint-Louis, ainsi que j'ai pu m'en convaincre en faisant une promenade autour de son bassin.

Parmi les gros voiliers accostés au quai et dont les hautes mâtures m'avaient d'abord frappé, j'en ai vu un qui chargeait des briquettes de charbon sortant d'une usine d'agglomérés que la Compagnie de la Grand'Combe a installée depuis plusieurs années. Un peu plus loin, un autre voilier embarquait des chaux et ciments sortant des grands magasins qui appartiennent à MM. Pavin de Lafarge, au Theil. Ces chaux et ciments sont transportés par la batellerie du Rhône à Port-Saint-Louis, où ils sont directement embarqués sur des navires à destination de l'Espagne, de l'Algérie ou du Levant. Plus loin encore, un autre navire débarquait des pétroles de Russie devant un grand établissement dont les cinq réservoirs en forme de gazomètre se dressaient au bord de l'eau comme de larges tours.

Il va sans dire que les quais sont garnis de voies ferrées qui les relient directement à la gare de Saint-Louis, de telle sorte que la manutention des marchandises destinées à emprunter le réseau P.-L.-M. s'opère dans les conditions les plus économiques et les plus rapides. Quant au transbordement des marchandises venant de la haute mer et prenant la voie du Rhône ou réciproquement, il s'opère également d'une façon très simple et très pratique. Chaque jour des grands bateaux à vapeur à roues, véritables fuseaux d'acier d'une portée de cinq à six cents tonnes ayant de 120 et 140 mètres de longueur, mûs par de puissantes machines de 500 à 1.000 chevaux, sillonnent le Rhône entre Lyon et Saint-Louis, déposant ou embarquant dans toutes les villes riveraines les marchandises débarquées à quai par les navires de mer ou par les chalands remorqués venant de Marseille, et réciproquement. Quelques heures suffisent pour décharger et recharger ces steamers qui ne séjournent jamais plus d'une nuit dans le bassin de Saint-Louis.

Ce sont ces bateaux à vapeur, d'une construction toute particulière, appropriée à la navigation du Rhône, qui ont remplacé en grande partie les *penelles* par lesquelles se faisait le transport des marchandises. Ces penelles qui ont conservé leur forme primitive tendent de plus en plus à disparaître et fournissent à peine aujourd'hui un mouvement de 60.000 tonnes sur le canal d'Arles à Port-de-Bouc, contre 250.000 tonnes transportées par la batellerie à vapeur. Ainsi se trouve réduite à néant une des légendes mise en circulation à l'origine de Saint-Louis et dont nous avons été très surpris de voir tout récemment la grave *Revue des Deux Mondes* se faire l'écho.

On prétendait, en effet, au début, et l'on semble continuer à croire que la batellerie du Rhône ne saurait utiliser le port de Saint-Louis, à cause des *penelles*, embarcations trop faibles pour résister au clapotis des vagues soulevées dans le fleuve et dans le bassin par les vents qui traversent la Crau.

Malgré que la navigation à vapeur se soit substituée pour une très large part à la navigation ordinaire, l'auteur de l'article paru le 15 février dernier dans la *Revue des Deux Mondes*, commet une grosse erreur en affirmant que la navigation fluviale se termine à Arles, car tous les jours des *penelles* chargées descendent d'Arles à Saint-Louis, et en ce moment on pourrait y voir 12 à 15 *penelles* qui reçoivent dans le bassin 1.500 tonnes de douelles qui sont transbordées *directement* du vapeur *Caroline* dans ces bateaux plats.

N'oublions pas de signaler comme complétant le magnifique outillage de Saint-Louis, en vue du transbordement des marchandises lourdes, une grue à vapeur de 60 tonnes, installée au bord du quai, exploitée par la maison Barban et Daher de Marseille.

VII. — Situation administrative de Port-Saint-Louis. — Ni église, ni écoles, ni cimetière, ni chemins, ni éclairage public.

De tout ce qui précède, il résulte que l'existence de Saint-Louis est aujourd'hui définitivement assurée comme port maritime et fluvial. Son développement est constant, régulier, et rien ne saurait l'arrêter désormais, parce qu'il répond à un besoin bien réel de notre commerce maritime. Et cependant cette progression, que quelques hommes aveuglés par l'esprit de clocher peuvent seuls nier, serait bien autrement rapide si on voulait donner à ce port la vie administrative qui lui manque, et qu'on refuse obstinément de lui accorder, comme si ses habitants n'avaient pas les mêmes droits que tous les autres Français à jouir de tous les bienfaits de notre civilisation, de nos institutions politiques et sociales, etc.

Il ne manque, en effet, à Saint-Louis, que la part de
l'autonomie municipale dont jouissent aujourd'hui en
France des milliers de hameaux ou de bourgades qui
sont certes bien loin d'avoir son importance économique.

Qu'est-ce en effet que Port-Saint-Louis ? dit l'écrivain que
nous avons déjà cité. Est-ce une ville, un village, un hameau ?
— Rien de tout cela, c'est une simple bourgade ou pour
parler plus exactement une agglomération de travailleurs venus
un peu de tous les côtés pour planter leur tente sur cette terre
vierge, et qui se sont trouvés naturalisés Arlésiens, uniquement
parce que cette terre vierge fait administrativement partie de la
commune d'Arles. De telle sorte qu'avec cette modestie qui
caractérise tous les méridionaux, les habitants d'Arles considè-
rent Port-Saint-Louis comme un faubourg de leur ville, tout
au plus comme une localité de la banlieue. Une ville de 25.000
âmes dont les faubourgs ou la banlieue s'étendent sur un rayon
de 45 kilomètres, c'est assez joli !

Et voilà pourquoi Saint-Louis, malgré ses 1800 habitants, n'a
encore ni église, ni écoles, ni cimetière ; car je n'ose appliquer
ces dénominations aux locaux que j'ai visités et qui feraient honte
au plus pauvre des villages de la banlieue de Marseille.

Dans une sorte de bâtiment carré et qui servait autrefois de
cantine aux ouvriers employés au creusement du bassin et du
canal, on a réuni presque tous les services communaux de Port-
Saint-Louis. Comme je passais devant la porte principale de ce
bâtiment, en compagnie d'un de mes amis, qui me servait de
cicérone, j'aperçus un jeune prêtre, à la physionomie réjouie et
bienveillante qui nous adressa un gracieux salut. C'était M. le
curé de Port-Saint-Louis qui, après les présentations d'usage,
m'invita à visiter son église, ce que j'acceptai très volontiers.
Cette église est une salle quelconque qui pourrait aussi bien
servir de remise, de grange ou d'entrepôt, que de temple destiné
à recevoir les fidèles à l'heure des offices.

M. le curé n'en est pas moins fier pour cela, et il est fort
reconnaissant à la Compagnie Générale d'avoir mis à sa disposition ce modeste local auquel il s'ingénie à imprimer un caractère
religieux ; il est heureux chaque dimanche de compter dans son
enceinte un plus grand nombre de fidèles. Il paraît d'ailleurs

assez content de ses ouailles, avec lesquelles il entretient d'excellentes relations, alors même que celles-ci donnent un peu trop souvent la préférence au cabaret sur l'église.

Que l'on ne croie pas après cela que Saint-Louis est infesté de cléricaux, et que c'est pour cause de cléricalisme invétéré, qu'Arles la républicaine, le tient en suspicion. Les dernières élections municipales ont prouvé qu'on était aussi bon républicain à Saint-Louis qu'à Arles, je crois même que les électeurs d'ici qui ont voté comme un seul homme pour la liste des candidats indépendants, sont de plus sincères républicains que ceux de là-bas, qui ont voté pour la liste des candidats officiels de la mairie. D'ailleurs, sauf ce bon curé à la physionomie joviale, aux manières franches et affables, je n'ai vu à Saint-Louis aucun autre personnage portant le costume religieux ; tout est laïque, y compris bien entendu les écoles, situées derrière l'église, dans le même bâtiment, et à propos desquels je pourrais répéter exactement ce que je viens de dire de celle-ci.

Ce sont deux salles quelconques. ouvrant toutes les deux sur la rue. sans cour, sans annexe d'aucune sorte, sans rien qui rappelle ces magnifiques groupes scolaires que le Gouvernement de la République a semés à profusion sur tout le territoire. A la porte de l'une de ces salles, nous trouvons l'instituteur qui vient de terminer sa classe ; il nous exprime ses doléances avec beaucoup de sincérité et de simplicité. Son école, qui au début ne comptait que quelques élèves.en reçoit aujourd'hui plus de 80), qu'il faut arrimer dans cet étroit espace.

Naturellement. l'exiguité du local ne permet pas de créer plusieurs classes, ni de donner à l'instituteur un adjoint pour l'aider dans sa tâche chaque jour plus pénible. Le matériel scolaire est aussi défectueux et incomplet que le local. Il faut caler les bancs et les tables tant bien que mal pour les maintenir d'aplomb sur un sol qui n'est pas même nivelé. Pendant les heures de classe, on est obligé de tenir ouvertes, quelle que soit la saison, les deux portes qui se font vis-à-vis, l'une au Nord, l'autre au Midi, afin de donner aux enfants un peu d'air respirable ; en été, cette situation est tolérable, mais en hiver, il n'en est plus ainsi.

De l'école des garçons nous passons à l'école des filles qui est mitoyenne. La situation est ici exactement la même, avec quelques élèves en moins seulement. L'institutrice, une jeune fille à l'air très doux, nous expose sa situation avec la même sincérité et la même simplicité touchante. Elle est obligée d'entasser maintenant de 60 à 70 élèves dans une classe qui devrait en contenir à peine la moitié ; parmi ces fillettes, quelques-unes sont déjà grandes et pourraient commencer à travailler sérieusement, mais il est impossible de donner à chacune l'instruction qu'appelle son âge, car il faut en même temps s'occuper de bambines commençant à peine à épeler. Cependant comment réclamer une adjointe, puisque la place manque aussi bien pour lui donner un logement que pour créer une seconde classe.

Si de l'église ou des écoles nous passons au cimetière, nous constatons un état de choses non moins déplorable. Le petit enclos qui, il y a quelques années, pouvait suffire à l'inhumation des habitants décédés dans une bourgade, comptant à peine une centaine d'individus, est absolument insuffisant depuis que cette population a plus que décuplé. Les morts sont aujourd'hui enterrés dans un terrain vague accessible à tous les animaux, et ils sont ainsi exposés à être piétinés et même déterrés.

La population de Saint-Louis est absolument indignée de ne pouvoir rendre à ses morts le culte qu'on leur rend dans le plus modeste village : depuis longtemps elle réclame le déplacement et l'agrandissement de son cimetière, mais la mairie d'Arles fait la sourde oreille à toutes ses réclamations.

Elle fait la sourde oreille également quand on lui réclame un éclairage suffisant pour les quais sur lesquels la circulation est des plus dangereuses pendant la nuit. Saint-Louis, qui occupe une superficie plus grande que celle de bien des sous préfectures, est éclairé par huit lanternes à pétrole, dont cinq ont été placées par les soins de la Compagnie Générale de Navigation. Le défaut d'éclairage a déjà occasionné bien des accidents dont quelques-uns ont été mortels.

Faut-il parler de l'état des chemins et des routes qui
traversent Saint-Louis ou qui sont destinés à le mettre
en relation avec les villes voisines ? Ils sont tous dans
un état déplorable ; leur entretien est absolument nul,
aussi suivant le temps et la saison, les communications
sont impossibles avec les localités environnantes, et
ce n'est qu'à grand'peine que Saint-Louis peut être
approvisionné ; fort heureusement, il lui reste la voie
du Rhône et celle de la mer pour recevoir toutes les
denrées dont il a besoin.

Alors que dans tous les hameaux, tous les villages,
on trouve aujourd'hui au moins une fontaine et un
lavoir public, à Saint-Louis il n'existe encore rien de
ce genre. Les habitants ont le Rhône qui coule à côté
d'eux, n'est-ce pas suffisant pour répondre à tous
leurs besoins ? On oublie que le Rhône est là tout aussi
trouble que la Durance, et qu'il n'est pas toujours
commode d'aller puiser de l'eau sur les berges vaseuses
ou glissantes d'un fleuve, qui est parfois complètement glacé. De ce côté, il y a donc encore un
véritable danger pour le public, danger que l'on n'a
absolument rien fait pour prévenir. Il semble que par
tous les moyens on veuille décourager la vaillante
population de Saint-Louis de l'œuvre de véritable
colonisation qu'elle poursuit avec tant de persévérance
pour transformer en un centre commercial et indus-
triel des plus actifs, un coin isolé et désert de la Crau.

VIII. — Pétition de la population de Saint-Louis

Nous trouvons d'ailleurs, résumées dans un docu-
ment d'une authenticité incontestable, toutes les
doléances de cette population. C'est une pétition

adressée à M. le Sous-Préfet d'Arles par les habitants de Saint-Louis en décembre dernier, et recouverte de 312 signatures. En voici le texte que nous reproduisons fidèlement :

MONSIEUR LE SOUS-PRÉFET,

Chaque jour notre port prend plus d'importance et par suite le nombre des habitants augmente, malgré cela, nous en sommes toujours réduits aux installations que nous avons trouvées dans le pays en 1881, alors qu'il était habité par une *cinquantaine de personnes*.

Il s'en est suivi que depuis un an environ le *cimetière* ne suffit plus, et qu'on enterre nos morts en plein air. Vous savez, Monsieur le Sous-Préfet, quel culte les parents professent pour leurs morts et la sollicitude avec laquelle ils ornent leur dernière demeure ; aussi, quand on pense à tout cela, et que nous voyons nos morts exposés à être piétinés par les taureaux, ou être déterrés par quelque autre animal, nous sommes révoltés ! Depuis plus de cinq ans nous demandons l'agrandissement et le déplacement de ce cimetière, qui se trouve très éloigné. Nous ne pouvons rien obtenir.

Les *routes* font complètement défaut, à la moindre pluie les habitants ont de la peine à circuler, et les rares charrettes que nous avons dans le pays ne peuvent plus sortir.

Cependant tout le monde paie les prestations et il nous paraîtrait juste que cet argent fût dépensé pour l'amélioration de nos chemins dans lesquels on enfonce pendant toute la mauvaise saison.

Nous avons une gare de la petite vitesse éloignée de un kilomètre environ du centre du pays, l'hiver les voitures ne peuvent y aller, ne serait-ce que pour un colis de quelques centaines de kilos, sous peine de s'embourber au point de ne plus pouvoir en sortir.

Les *écoles* sont installées dans des salles basses et étroites, les enfants y sont très mal. Celle des garçons, qui offre une surface totale de 50 mètres carrés pour un cube d'air de 125 mètres, est fréquentée par 80 enfants, ce qui donne 1 mètre cube 1,2 par enfant, alors que le minimum devrait être de 5 mètres cubes. Il manque les 3|4 de l'air nécessaire.

L'*école* des filles a une surface de 47 mètres carrés 750 pour un cube de 119 mètres cubes 370, 68 élèves la fréquentent. Le cube d'air par enfant est de 1 mètre cube 750, il manque 221 mètres cubes.

Aussi, par les fortes chaleurs, une grande partie des enfants sont retenus dans leurs maisons, par les parents qui craignent pour leur santé, l'air qu'ils respirent étant vicié.

D'un autre côté, l'instituteur et l'institutrice ne peuvent suffire à instruire tant d'enfants, malgré leur bonne volonté ; il faudrait un adjoint à chacun.

Nous ajouterons que nous sommes surpris que M. l'Inspecteur d'académie n'ait pas exigé depuis longtemps qu'on modifie un état de choses aussi défectueux.

Nous avons une *chapelle installée* dans un ancien hangar, on y étouffe en été et on y gèle en hiver, au point que le desservant (qui est payé par les habitants) a dû y faire installer un calorifère.

L'éclairage des quais est insuffisant. Il y a quelques jours, 3 personnes sont tombées à l'eau pendant la nuit ; heureusement que pour cette fois nous n'avons pas eu de mort à déplorer.

Les habitants sont obligés d'aller puiser l'eau directement dans le fleuve, ce qui n'est pas bien facile et même très dangereux, surtout l'hiver lorsque les rives sont gelées, ou que le vent du nord souffle avec violence. Il serait cependant facile et peu coûteux d'installer deux ou trois fontaines et un lavoir à proximité du fleuve.

Lorsqu'un ouvrier se marie, il est obligé de faire plusieurs voyages à Arles pour faire les démarches préliminaires. Quand cela est terminé, il lui faut payer le voyage des parents et témoins ; dans bien des cas, cet argent serait mieux utilisé à acheter des objets de première nécessité.

Nous pourrions continuer longtemps encore notre exposé, mais nous pensons que ce qui précède suffira largement pour vous édifier sur notre malheureuse situation.

Tout ce que nous vous exposons est l'exacte vérité, aussi nous avons le ferme espoir que vous voudrez bien vous occuper de nous.

Beaucoup de villages ayant quelques centaines d'habitants sont érigés en commune, et peuvent se procurer tout ce qui leur est nécessaire.

Port-Saint-Louis-du-Rhône, qui est un port de mer occupant le troisième rang des ports français de la Méditerranée, et donnant à l'Etat une recette de douane de plus de deux millions, se trouve à cheval sur deux communes et deux arrondissements, n'a aucun moyen de communication avec Fos, à moins de traverser un pays marécageux et des étangs : éloigné d'Arles de 40 kilomètres, ne peut ni se faire ériger en commune à cause de l'opposition qu'il rencontre, ni obtenir qu'on s'occupe de lui procurer les installations de première nécessité auxquelles il a droit.

Nous aimons à croire que vous voudrez bien transmettre la présente pétition à M. le Préfet, avec vos notes favorables, afin qu'il prenne nos doléances en considération soit en nous faisant faire ce qui nous est nécessaire, soit en faisant ériger Saint-Louis en commune, ce qui serait préférable.

(Suivent les signatures).

CONCLUSION

En résumé, tandis que Saint-Louis lutte courageusement pour l'accroissement de son trafic ; tandis que de toute part les préventions qui s'étaient opposées à son développement, tombent les unes après les autres ; tandis que le commerce de transit apprécie chaque jour davantage les services que peut lui rendre cette magnifique création, Arles qui aurait eu le devoir d'apporter son concours le plus actif et le plus intelligent à la cité naissante, traite cette dernière en sœur ennemie, ne se souvenant d'elle que pour percevoir les revenus qu'elle lui doit, et ne veut en rien contribuer à son bien-être.

Cependant, Arles ne veut pas se séparer de sa prétendue rivale, elle ne veut pas lui rendre une liberté qui lui suffirait largement à défaut de toute autre assistance.

Il est impossible qu'une situation aussi anormale se prolonge plus longtemps ; il est impossible que le troisième port français de la Méditerranée qui fournit à l'Etat plusieurs millions de recettes par des sources diverses, reste plus longtemps sous la tutelle d'une commune de 25.000 âmes qui ne veut ni remplir envers lui ses obligations légales, ni le laisser vivre de ses propres ressources.

Sous un régime démocratique il n'est pas admissible qu'un groupe de citoyens, composé presque exclusivement de travailleurs, soit en quelque sorte placé hors la loi et, tout en supportant les mêmes charges que les autres citoyens, ne retirent aucun profit des sacrifices qu'il s'impose. Les habitants de Port-Saint-Louis ont droit comme ceux de toutes nos communes de France, du moment qu'ils payent les mêmes impôts, à avoir des routes entretenues, un local approprié au besoin du culte religieux, des écoles spacieuses et saines, de l'eau potable à discrétion, un lieu convenable pour la sépulture de leurs morts, etc.

Puisque Arles ne veut pas ou ne peut pas procurer à ce bourg de 1.800 âmes, dont elle est séparée par une distance de 45 kilomètres, tous les organes nécessaires à son existence sociale, les pouvoirs publics ont le devoir de prononcer la séparation de ces deux agglomérations dont les intérêts et les besoins sont si distincts ; le faible lien administratif qui existe entre elles, enchaîne étroitement l'une en laissant à l'autre son entière liberté.

Saint-Louis a maintenant suffisamment prouvé sa vitalité, sa raison d'être, son utilité, non pas seulement au point de vue régional, mais au point de vue national, pour qu'on lui refuse plus longtemps ce modeste titre de **Commune de France,** qui est aujourd'hui son unique et sa suprême ambition.

Mars 1893.

TABLE DES MATIÈRES

278

www.ingramcontent.com/pod-product-compliance
Lightning Source LLC
Chambersburg PA
CBHW060807280326
41934CB00010B/2588